Yin Yoga per principianti

Esercizi delicati e asana semplici per diminuire lo stress, rilassarsi di più e godere di una salute olistica - compresa una sequenza di esempi provata e testata.

Mira Steen

Tutti i consigli contenuti in questo libro sono stati attentamente considerati e controllati. Tuttavia, non è possibile fornire alcuna garanzia. La responsabilità per eventuali lesioni personali, danni alla proprietà o perdite finanziarie è pertanto esclusa. L'utilizzo di questo libro e l'applicazione delle informazioni in esso contenute sono espressamente a suo rischio e pericolo.

Tutti i diritti sono riservati, in particolare il diritto di riprodurre e distribuire la traduzione. Nessuna parte di quest'opera può essere riprodotta in qualsiasi forma (tramite fotocopia, microfilm o qualsiasi altro processo) o memorizzata, elaborata, duplicata o distribuita tramite sistemi elettronici senza autorizzazione scritta.

CONTENUTI

Cosa può aspettarsi da questo libro

Bagni rilassanti, lettura di libri, tisane calmanti, lavanda, passeggiate, respirazione profonda: questi aiuti le suonano familiari nella sua ricerca di maggiore equilibrio interiore e nel cammino verso un maggiore equilibrio? È spesso facilmente irritabile nella vita quotidiana e vorrebbe poter reagire in modo più calmo a molte situazioni? Si trova spesso a letto la sera e si chiede quando riuscirà finalmente a calmarsi e ad addormentarsi? Allora questa guida potrebbe aiutarla. Si tratta di un approfondimento su un tipo di yoga che calma il corpo e la mente e rilassa l'anima. Yin yoga - un contrasto con il ritmo spesso frenetico della vita quotidiana, che è dominata dallo yang. Lo provi e trovi il suo rituale quotidiano che non vede l'ora di fare e che non solo fa bene alla salute del suo corpo, ma porta anche la pace e l'armonia interiore che tante persone desiderano al giorno d'oggi.

Scopriamo insieme i benefici dello yin yoga e approfondiamo l'argomento. Comprendiamo il contesto e applichiamo la pratica immediatamente a casa, in modo da essere di nuovo più in sintonia con se stessi fin dal primo contatto con questo tipo di lasciarsi andare e affrontare così le piccole e grandi avventure della vita con più amore per se stessi e soddisfazione. Faccia un respiro profondo - e andiamo!

Un po' di teoria è d'obbligo

YOGA - CHE COS'È IN REALTÀ?

Descrivere la storia, le forme e le tendenze dello yoga in generale riempirebbe sicuramente diversi libri, ma si ponga questa semplice domanda: come spiegherebbe a qualcuno in poche parole cos'è lo yoga? Non è così facile, anche se questa parola è diventata parte integrante della salute e dello stile di vita. Lo yoga è un insegnamento filosofico antico (circa 3000-4000 anni) e ha origine in India. Le radici della filosofia dello yoga affondano nell'Induismo e in parte anche nel Buddismo. L'obiettivo è armonizzare il corpo e la mente.

Questo non solo è incoraggiato da numerose attività fisiche diverse, ma è anche supportato da vari esercizi di respirazione e meditazioni. Lo yoga insegna ad accettarsi, ad essere completamente con se stessi e a sperimentare l'amore per se stessi, l'armonia e la felicità. L'obiettivo è anche quello di ridurre lo stress, ricaricare le batterie e praticare la consapevolezza e l'autoconsapevolezza. Oltre 300 milioni di persone in tutto il mondo praticano questo sport spirituale e lo yoga è stato persino riconosciuto come patrimonio culturale mondiale immateriale nel 2016. Esistono circa 130 tipi diversi di yoga e il campo è in continua evoluzione. Di seguito, tuttavia, ci concentreremo solo su un tipo di yoga, una delle varianti più dolci, che è anche molto adatta per un'introduzione al mondo dello yoga: lo yin yoga.

ORIGINE DELLO YIN YOGA

Questo particolare tipo di yoga affonda le sue radici negli anni Ottanta. Lo Yin Yoga è stato sviluppato dall'americano Paulie Zink a partire da vari altri tipi di yoga, come l'Hatha Yoga e il Tao Yoga, e ulteriormente sviluppato dal suo studente, Paul Grilley, e dalla sua allieva, Sarah Powers. Quest'ultima ha anche dato il nome allo Yin Yoga.

YIN E YANG - SIGNIFICA

Yin e yang, bianco e nero, la descrizione di due opposti di cui tutti hanno sentito parlare. Viene in mente il simbolo circolare bianco e nero, che assomiglia a due lacrime intrecciate. Ognuno di questi ha un punto di colore opposto al centro. Nella filosofia cinese, questo simbolo viene utilizzato per spiegare i due flussi complementari della vita, le due energie complementari. Yang - la luce, attiva, in movimento, il giorno, il sole. Yin - l'oscurità, la passività, la calma, la notte, la luna. Questo abbinamento di opposti potrebbe continuare all'infinito. Ciò che colpisce, tuttavia, è che si tratta sempre di componenti che non si escludono completamente a vicenda ma, al contrario, sono reciprocamente dipendenti. In altre parole, uno non esisterebbe senza l'altro. Entrambi sono necessari per l'equilibrio e il bilanciamento. Questo simbolismo può essere applicato anche al corpo e alla mente umana. Da un lato, le regioni del corpo possono essere suddivise in aree yin e yang. Ad esempio, i polmoni, il cuore, il fegato, i reni e tutto ciò che si trova all'interno del corpo appartengono all'area yin, mentre la vescica, l'intestino, la cistifellea e gli strati esterni del corpo, compresa la pelle, appartengono all'area yang. La Medicina Tradizionale Cinese (MTC) utilizza questa categorizzazione per spiegare la struttura e anche i cambiamenti patologici, la loro guarigione e le funzioni fisiologiche del corpo umano. Tuttavia, questo argomento andrebbe troppo lontano in questa sede e non dovrebbe essere considerato ulteriormente.

Tuttavia, si può anche fare una distinzione tra attività più orientate allo yin e più orientate allo yang in termini di attività fisica. L'armonia e l'equilibrio di entrambe le forze sono gli obiettivi di diverse pratiche yoga. Lo Yang viene allenato attraverso esercizi dinamici e più incentrati sui muscoli (Ashtanga yoga, per esempio), mentre lo yin è caratterizzato dalla permanenza in determinate posture per un periodo di tempo più lungo. Nello yin yoga, i muscoli vengono utilizzati meno e gli esercizi vengono eseguiti più in combinazione con la gravità e l'allungamento della fascia e dei tendini. L'equilibrio è la parola magica.

"Lo Yin yoga è necessario per portare in equilibrio la nostra cultura, che è molto orientata verso lo yang".
Paul Grilley (fondatore dello Yin Yoga)

PERCHÉ LO YIN YOGA?

Al giorno d'oggi, ci sono tante opzioni di sport e attività quante sono le scuse per non iniziare a praticarle. Ma perché dovrebbe scegliere proprio lo yin yoga? Perché è in qualche modo "in", cioè alla moda, o perché vuole dire la sua se l'argomento viene sollevato a una festa o tra colleghi?

Queste non sono certamente ragioni che portano a una pratica a lungo termine e sostenibile dello Yin Yoga. Ma si chieda: cosa posso fare per ME? Cosa fa bene a me, al mio corpo e alla mia mente? Come posso ridurre lo stress (e siamo onesti, tutti possono elencare un certo numero di fattori di stress nella loro vita, a prescindere da quanto siano diversi o apparentemente insignificanti)? Oppure: come posso riuscire ad essere più equilibrato e meno irritabile? Le domande che le vengono poste, o qualcosa di simile, sono sempre più frequenti nella sua testa? Allora è abbastanza certo che la pratica dello Yin Yoga la aiuterà.

La motivazione deve quindi provenire dall'interno. Deve prendere lei stesso la decisione di voler cambiare qualcosa e di attivarsi per migliorare il suo benessere. L'obiettivo è quello di aumentare la sua qualità di vita e di beneficiare in una certa misura della serenità e dell'equilibrio che ha acquisito nella sua vita quotidiana.

Qui lei è al centro della scena. Lo Yin yoga è un tipo di yoga lento con asana (posture) in cui si trascorre molto tempo, di solito seduti o sdraiati. Questo le permette di sentire il proprio corpo e di calmarsi. Il sistema nervoso si calma automaticamente e ci si sente calmi, equilibrati e rilassati dopo una sessione di yin yoga. È quindi benefico per l'anima e la mente. Tuttavia, la pratica regolare porta anche altri benefici fisici, come una maggiore flessibilità e muscoli più forti. Probabilmente avrà sentito parlare anche dell'allenamento della fascia. Fascia è il nome dato agli strati più profondi del tessuto connettivo del corpo. Questi avvolgono tutti i muscoli, le ossa, i tendini e gli organi e sono di grande importanza per la postura e la stabilità, oltre che per sostenere il lavoro muscolare.

La mancanza di esercizio fisico, lo stress o il sovraccarico possono far sì che la fascia si indurisca, si incastri o si attorcigli, causando vari tipi di dolore. Lo Yin Yoga si rivolge proprio a questo tessuto connettivo elastico, permettendogli di rilassarsi e di svolgere i suoi compiti effettivi. Se questi non sono tutti motivi per iniziare presto questa meravigliosa forma di yoga!

F O CHI È ADATTO ALLO YIN YOGA?

Poiché lo Yin Yoga è meno dinamico, come già descritto, e i movimenti a scatti sono completamente evitati, questa pratica comporta un rischio ridotto di lesioni. Pertanto, può essere praticata anche da persone che possono avere un rischio maggiore di lesioni in altri sport o che hanno già delle limitazioni fisiche. I singoli esercizi per alcune aree del corpo possono essere semplicemente saltati o sostituiti con asana simili. Inoltre, l'attrezzatura necessaria si limita a pochi elementi, che verranno discussi in seguito. Non sono necessari acquisti o corsi costosi, che a volte possono diminuire il desiderio di praticare una nuova attività o addirittura scoraggiarla completamente prima ancora di iniziare.

L'esperienza in altri tipi di yoga è certamente un vantaggio, ma non necessaria, in quanto le singole asana le vengono spiegate in dettaglio, in modo che possa praticare lo Yin Yoga anche a casa, da sola, sul tappetino. Il concetto generale dello Yin Yoga offre anche una gradita aggiunta e un grande equilibrio per gli appassionati di altri sport, che presumibilmente possono essere classificati come Yang (dinamici, più attivi).

In modo simile all'effetto di un rotolo di fascia, la pratica dello yin yoga stimola il tessuto connettivo e scioglie le aderenze causate, ad esempio, dalla posizione seduta troppo a lungo o dalla mancanza di movimento. Se soffre di disturbi alle articolazioni o alla colonna vertebrale, consulti il suo medico per sapere da quali movimenti dovrebbe astenersi o quali esercizi possono essere particolarmente indicati per darle sollievo.

Questo vale anche per le donne durante la gravidanza. Tuttavia, i rispettivi esercizi possono sempre essere adattati alle circostanze e alle esigenze individuali. Può anche decidere in qualsiasi momento l'intensità degli esercizi e scoprire con attenzione i suoi limiti fisici. Indipendentemente dal fatto che i suoi obiettivi siano migliorare la forma fisica o la flessibilità, ricaricare le batterie e le capacità mentali o rilassarsi e ridurre lo stress, praticando regolarmente lo Yin Yoga sarà sempre più vicino a raggiungerli.

Nel complesso, lo yin yoga è quindi adatto a chiunque voglia ritrovare il proprio equilibrio interiore e fare qualcosa di buono per il corpo e la mente. Ma attenzione: il tipo di yoga più delicato comporta sicuramente un certo rischio di dipendenza!

DI COSA HA BISOGNO PER LO YIN YOGA?

Prima di tutto, deve sentirsi completamente a suo agio. Ciò significa indossare pantaloni comodi e un top non troppo stretto. I vestiti devono consentirle di muoversi liberamente e di riscaldare il corpo allo stesso tempo. Poiché lo Yin Yoga si pratica principalmente da seduti o da sdraiati e quindi non comporta molti movimenti faticosi, può anche indossare calze o polsini di lana caldi, ad esempio.

Raccomandiamo anche il cosiddetto look a cipolla, ossia diversi strati sovrapposti, in modo da avere la possibilità di togliersi o rimettersi i vestiti a seconda dell'intensità dell'esercizio. Collochi sotto di sé un tappetino da yoga più morbido, per non compromettere il suo rilassamento sul pavimento freddo e duro.

Tuttavia, un tappeto potrebbe anche essere sufficiente per provare gli esercizi per la prima volta. Se necessario, si possono utilizzare anche ausili come blocchi e cinghie da yoga. Servono essenzialmente per ridurre la distanza dal pavimento se inizialmente è immobile o per facilitare gli esercizi. Tuttavia, non sono assolutamente necessari per iniziare con lo Yin Yoga. Un semplice cuscino da divano o una coperta piegata hanno lo stesso beneficio. Anche fattori esterni di benessere come candele profumate, bastoncini d'incenso, un delizioso tè preferito prima o dopo la sequenza di Yin Yoga e musica tranquilla non sono assolutamente necessari, ma possono aiutarla in modo significativo a calmarsi e a spegnersi durante gli esercizi.

Provi semplicemente ciò che le è più congeniale nel corso del tempo o vari in base al suo umore e allo stato d'animo della giornata. Tuttavia, un prerequisito importante è un ambiente tranquillo. Questo può essere un luogo della sua casa o, nei mesi più caldi dell'anno, un luogo in riva al lago, in giardino o in qualsiasi altro luogo in cui si senta semplicemente bene. Inoltre, una coperta può darle un calore accogliente durante il rilassamento finale o essere posizionata sotto le ginocchia durante gli esercizi individuali per rendere la posizione più confortevole.

Quindi, in linea di principio, può provare gli esercizi dello Yin Yoga senza alcun costo aggiuntivo. Il mercato dei bellissimi accessori per lo yoga è ampio e può trovare gradualmente i suoi pezzi preferiti, oppure può preferire essere purista e concentrarsi sull'essenziale e creare l'ambiente necessario con articoli che ha già in casa. La scelta è sua e, come sempre, la chiave è l'equilibrio: L'equilibrio è la chiave.

C E AVVICINARSI ALLA PRATICA

Allora, quando inizieremo finalmente gli esercizi? Un po' di pazienza: prima di salire sul tappetino, deve capire cosa è veramente importante nello Yin Yoga. Deve impegnarsi completamente negli esercizi. All'inizio sarà sicuramente poco familiare. Le attività sportive sono più spesso associate all'idea del movimento e dello sforzo, piuttosto che alla permanenza in una postura e al riposo, e poi soprattutto alla posizione seduta o sdraiata. Ma sarà ricompensato per la sua curiosità verso qualcosa di nuovo con una straordinaria messa a terra, la sensazione di vivere di nuovo in modo più consapevole nel suo corpo e di dimostrargli gratitudine. Si immerga nel meraviglioso mondo dello Yin Yoga.

Y nello Yoga - andiamo!

Ora onoreremo questa citazione di Sri Krishna Pattabhi Jois, uno yogi indiano, salendo insieme sul tappetino.

LE ASANA INDIVIDUALI DI E

Ci sono 25 asana diverse, cioè posture del corpo, nello yin yoga. Poiché queste vengono mantenute per un tempo compreso tra i tre e i cinque minuti, solo alcune di esse vengono selezionate e praticate in una sessione di yin yoga, invece di eseguire una lunga serie di esercizi uno dopo l'altro. Naturalmente, dipende da quanto tempo ha a disposizione e da quanto vuole che sia lungo il suo allenamento, non ci sono limiti.

Di seguito, le asana sono presentate singolarmente e la loro esecuzione è spiegata chiaramente, così come gli effetti positivi sul corpo e sulla mente. Dopo ogni asana, viene descritta anche una posizione di equilibrio, che si dovrebbe assumere dopo aver rilasciato la posizione, per alleviare la regione del corpo che è stata appena sollecitata e per sentire l'esercizio eseguito. In questo modo, il corpo raggiunge l'equilibrio e impara gradualmente a gestire meglio questa postura, più spesso si eseguono questi esercizi e la loro compensazione.

I termini citati dopo i nomi comuni in tedesco sono i nomi originali in sanscrito delle asana corrispondenti, che spesso vengono utilizzati anche dall'insegnante durante le lezioni di yoga. Per prepararsi, metta a portata di mano eventuali ausili e si assicuri di non essere disturbato dall'esterno durante la pratica dello yoga (rumori forti, correnti d'aria, ecc.). Poi si prenda il tempo necessario per familiarizzare con le diverse posture e si calmi gradualmente. Inspiri profondamente attraverso il naso e si goda la respirazione attraverso il naso o espiri attraverso la bocca con un sospiro udibile. Non si preoccupi di come appare o suona durante gli esercizi, ma si concentri esclusivamente su se stesso e sul suo corpo.

Arrivi alle asana e senta come si sentono le diverse regioni del suo corpo, quali esercizi può già trovare facili o dove ha bisogno di una pratica regolare. Ogni corpo è diverso e i paragoni sono fuori luogo. Anche ogni giorno è diverso e l'esercizio al mattino può risultare più pesante rispetto all'esercizio serale, quando ha già fatto molto esercizio nella vita quotidiana, perché i tendini e le fasce sono ancora accorciati dal sonno. Faccia ciò che funziona meglio per lei in modo intuitivo. Se ha la sensazione di non poter più rimanere in una posizione, si faccia un favore e la liberi.

La pratica dello yoga deve offrirle un valore aggiunto ed è estremamente importante ascoltare il proprio corpo e non superare i suoi limiti. Può anche chiudere gli occhi di tanto in tanto per ascoltarsi completamente. Si conceda un momento di consapevolezza. Lo Yin Yoga non è solo un'attività sportiva, ma dovrebbe toccarla più profondamente in un modo spirituale e radicante.

1. farfalla seduta - Baddha Konasana

La posizione detta della farfalla è un dolce apri-fianchi. Si trovano spesso nello yin yoga. Dal punto di vista fisico, sono progettate per migliorare la mobilità delle articolazioni dell'anca e contribuire a una postura sana. Dal punto di vista emotivo, in questa posizione può lasciar andare tutto, cancellare il passato e lasciarsi semplicemente andare alla deriva con i suoi sentimenti.

Esecuzione

Si sieda sul suo tappetino yoga e avvicini le piante dei piedi davanti a lei. La distanza tra i piedi e i glutei dipende dal suo corpo e da come si sente. Ora rilassi le ginocchia e le lasci cadere dolcemente verso il pavimento, sostenute dalla gravità. Poi inclini la parte superiore del corpo in avanti e permetta alla schiena di arrotondarsi. (Nota: a differenza di altri tipi di yoga, dove la schiena dritta e la postura tesa sono importanti, nello Yin Yoga può rilassare completamente i muscoli e non esercitare alcuna forza o sforzo negli esercizi). Le sue mani ora stringono i piedi o si appoggiano sul pavimento di fronte a lei. I palmi sono rivolti verso l'alto. Gli yogi e le yogini più esperti possono già appoggiare gli avambracci e la testa sul tappetino. Non si preoccupi se qui c'è ancora troppa distanza. Un modo per alleviare la tensione sul collo è quello di prendere una coperta o un oggetto simile, posizionarla sui piedi o sulle gambe e appoggiarvi la testa. Rimanga in questa asana per tre o cinque minuti. Lasci semplicemente passare i pensieri e rilassi ogni singolo muscolo.

Equilibrare la postura

Dopo aver rilasciato lentamente la postura, appoggi entrambe le gambe sul tappetino in posizione seduta e lasci che le ginocchia affondino alternativamente a destra e a sinistra verso il pavimento. Questo movimento viene spesso chiamato scherzosamente "tergicristallo". Mobiliti i fianchi e senta l'allungamento che ha appena eseguito. Può appoggiare le mani dietro di sé per alleggerire un po' la schiena.

Effetti positivi

Se pratica regolarmente la farfalla da seduti, guadagnerà flessibilità nelle articolazioni dell'anca e anche la posizione a gambe incrociate, probabilmente un po' difficile all'inizio, diventerà una postura rilassata in cui potrà meditare, ad esempio. Anche la parte bassa della schiena e i tendini del ginocchio subiscono un piacevole allungamento in questa asana. Questo esercizio è benefico per i problemi alla vescica e fa bene ai reni. Mentalmente, questa posizione simboleggia la leggerezza e la bellezza, simile a una farfalla.

2. farfalla reclinata - Supta Baddha Konasana

Una variante della farfalla seduta è la farfalla sdraiata. Per farlo, si sdrai sulla schiena. Pieghi entrambe le gambe e lasci che le ginocchia sprofondino verso l'esterno. Ora lasci che le piante dei piedi si tocchino. Come nel caso della farfalla, la distanza tra i piedi e i glutei dipende ancora una volta da lei. Basta che si senta bene per lei. Se all'inizio questo è uno sforzo eccessivo per lei, può prendere due blocchi o cuscini e posizionarli sotto le ginocchia o la parte esterna delle cosce. Appoggi le mani comodamente sul basso addome e senta il lento alzarsi e abbassarsi della parete addominale mentre inspira ed espira profondamente e con piacere. Durante l'esercizio, la testa poggia pesantemente sul pavimento. Gli occhi sono chiusi. Rimanga in questa posizione per circa tre-cinque minuti. Lasci fluire la respirazione e si abbandoni al dolce allungamento delle articolazioni dell'anca e dell'inguine. La posizione di equilibrio e gli effetti positivi sono simili alla farfalla seduta e sono già stati descritti sopra.

3. la postura del bambino - Balasana
Esecuzione

La posizione di partenza per questo esercizio è seduti sui talloni. Le ginocchia sono alla larghezza del tappetino e gli alluci si toccano. Il dorso dei piedi è piatto sul tappetino. Ora cammini in avanti con entrambe le mani, mantenendo i glutei sui talloni. Se ha ginocchia sensibili, può utilizzare una coperta di lana come supporto. Appoggi la fronte sul tappetino e trasferisca il peso del corpo sul tappetino. La schiena è ora completamente allungata e tutte le tensioni possono essere rilasciate.

Come variante, porti entrambe le braccia indietro e le metta vicino al corpo. I palmi delle mani devono essere rivolti verso l'alto. In questo caso, le spalle possono abbassarsi molto, mentre le scapole si allontanano. Anche la fronte si appoggia sul tappetino e lei rilascia semplicemente tutti i muscoli. Questa variante è un po' più passiva rispetto alla posizione del bambino descritta sopra, in quanto può anche influenzare l'allungamento delle spalle allungando e ruotando leggermente le braccia.

Equilibrare la postura

Come semplice posizione di equilibrio, si sdrai sulla schiena e allunghi le gambe in avanti. Senta le aree del suo corpo su cui ha appena lavorato e rimanga in questa posizione fino a quando non sarà pronto per il prossimo esercizio di yin yoga.

Effetti positivi

Le spalle vengono allungate delicatamente e la parte bassa e media della schiena può essere preparata per i piegamenti più difficili e riscaldata grazie al piacevole allungamento. Questa asana calma anche il cuore, aiuta ad alleviare la stanchezza e il mal di testa e permette di rilassarsi in modo quasi naturale.

4. la Sfinge - Ardha Bhujangasana (e il Sigillo)
Esecuzione

Per questo esercizio, si sdrai in posizione prona. Ora sollevi una gamba alla volta e la tiri indietro, poi la rimetta a terra, distesa. Si sostenga sugli avambracci, che devono essere rivolti in avanti. I palmi delle mani sono appoggiati sul tappetino e le dita sono divaricate. Le dita medie sono rivolte in avanti verso l'estremità corta del tappetino. I gomiti sono posizionati direttamente sotto le spalle, che tendono ad essere tirate indietro.

Tenga le gambe unite e prema delicatamente il dorso dei piedi sul pavimento. Mantenga la testa in linea con la colonna vertebrale per alleviare la pressione sul collo. Rimanga in questa posizione e si assicuri che la parte bassa della schiena non sia tesa. I glutei rimangono sciolti e non sono tesi.

Tuttavia, attivi il suo centro in questa posizione e prema leggermente il suo osso pubico sul tappetino. Se vuole, può anche praticare questo esercizio in modo più dinamico. Per farlo, sollevi leggermente la parte superiore del corpo mentre inspira. Rimanga così per un breve momento e abbassi nuovamente il corpo mentre espira. Ripeta questa sequenza per circa cinque volte. Per una versione più intensa della sfinge, spinga le mani più in avanti e si appoggi su entrambe le mani per creare un backbend più forte e un allungamento più intenso di tutta la parte anteriore. Qui deve prestare particolare attenzione alla parte bassa della schiena, che è sottoposta a una tensione estrema. Tra l'altro, questa posizione è ora chiamata la foca.

Equilibrare la postura

La postura del bambino, come descritta in precedenza, offre qui un meraviglioso equilibrio. Applichi una pressione sulle mani appoggiate sul tappetino. Prenda tempo, poiché la parte bassa della schiena deve prima abituarsi a questo movimento contrario.

Effetti positivi

Questa asana aiuta a risolvere la tensione nella parte superiore della schiena. Tuttavia, poiché esercita anche una forte pressione sull'addome, le donne dovrebbero evitare questa posizione durante la gravidanza. Qui viene allungata tutta la parte anteriore del corpo e vengono rafforzati i muscoli della schiena e dei glutei. La Sfinge apre il cuore, dà fiducia in se stessi e allevia l'ansia.

5. il bambino felice - Ananda Balasana
Esecuzione

Per questo ulteriore esercizio di apertura dell'anca, che viene spesso chiamato "happy baby", si sdrai sulla schiena e pieghi le gambe. Ora afferri i bordi esterni dei suoi piedi con le mani dall'interno. Le piante dei piedi puntano verso il soffitto e le gambe formano un angolo di novanta gradi. Gli stinchi sono in posizione verticale. Le ginocchia puntano verso il tappetino e la parte bassa della schiena poggia completamente sul tappetino. Le spalle sono rilassate e poggiano anch'esse sul tappetino. Il collo rimane lungo e la testa è distesa all'indietro. Ora spinga delicatamente i piedi nelle mani e, al contrario, tiri leggermente le gambe verso il basso con le mani per creare un buon equilibrio.

Equilibrare la postura

Dopo tre o cinque minuti, si sdrai semplicemente sulla schiena e senta l'esercizio.

Effetti positivi

Qui i fianchi vengono allungati in modo intenso, calmando allo stesso tempo la mente e contrastando lo stress e la fatica. In questa posizione, viene effettivamente in mente l'immagine di un bambino felice, che la sorride in questa posa e fa sembrare questo esercizio un gioco da ragazzi.

6. il drago - Anjaneyasana
Esecuzione

Il drago è una delle posizioni più attive dello yin yoga. Per eseguirla correttamente, inizi a stare in piedi su quattro piedi. Ora porti il piede destro in avanti tra le mani. Il ginocchio destro si trova sopra il piede e non punta in avanti oltre l'articolazione della caviglia. Il ginocchio sinistro posteriore si sposta un po' più indietro e lo appoggia sul tappetino. Si assicuri che non ci sia troppo peso sul ginocchio sinistro. Può anche mettere una coperta sotto per proteggere il ginocchio. Metta il piede posteriore in modo che il collo del piede sia appoggiato sul tappetino. Ora abbassi lentamente e con cautela il bacino verso il basso e provi un allungamento nella gamba che è stata posizionata all'indietro. Può tenere le mani sul tappetino o appoggiarsi al ginocchio destro. Può lasciare la testa in linea con la colonna vertebrale o abbassarla leggermente verso il basso. Rimanga qui per tre-cinque minuti e poi cambi lato.

Varianti dell'aquilone

Assuma la posizione descritta sopra, ma ora metta entrambe le mani sul lato interno del piede anteriore. Può anche avvicinarsi un po' di più al bordo esterno del tappetino e posizionarlo sul bordo esterno e spingere un po' il ginocchio verso l'esterno. Se vuole di più, si appoggi sugli avambracci. Oltre all'allungamento, questo apre anche i fianchi e la posizione è un po' più intensa. Un'altra variante è il drago attorcigliato. Per farlo, appoggi la mano sul lato della gamba che è allungata all'indietro sul tappetino e metta l'altra mano sul ginocchio che si trova sullo stesso lato. Ora apra la parte superiore del corpo verso il lato della gamba sollevata e scelga l'intensità della torsione premendo la mano sul ginocchio o sulla coscia anteriore. Può anche aumentare l'intensità rilasciando la mano dal ginocchio e allungandola verticalmente verso l'alto. Può tornare alla posizione iniziale in qualsiasi momento.

Equilibrare la postura

Anche in questo caso, la postura di equilibrio ideale è quella del bambino. Può adottarla sia dopo l'esercizio che prima di cambiare lato.

Effetti positivi

Questa asana può avere un effetto benefico sulla sciatica. Inoltre, apre la zona dell'anca e dell'inguine e allunga i muscoli della gamba posteriore e della coscia anteriore. Ha anche lo scopo di sciogliere tutte le tensioni e di fornire un equilibrio generale alle nostre attività quotidiane, per lo più sedentarie.

7. il bruco - Paschimottanasana
Esecuzione

Questo esercizio inizia in posizione seduta ed è noto anche come piegamento in avanti da seduti. Estenda entrambe le gambe in avanti e si assicuri di essere seduto saldamente sul tappetino su entrambe le tuberosità ischiatiche. Per farlo, può usare le mani per sollevare ogni metà dei glutei all'indietro una volta. Se è scomodo o troppo faticoso per lei, si sieda su un rialzo, un cuscino da yoga o una coperta di lana arrotolata. Ora pieghi leggermente le ginocchia e giri la schiena in avanti. Per rendere la posizione più comoda, può anche mettere una coperta sotto le ginocchia e appoggiare la testa su un blocco yoga verticale o orizzontale. Non deve tirare attivamente il corpo in avanti con le mani, ma può lasciare che la gravità faccia il suo effetto. I muscoli delle gambe sono sempre rilassati. Le sue mani sono libere accanto alle gambe. I palmi delle mani sono rivolti verso il soffitto. Si rilassi e lasci che le spalle scendano verso il basso.

Equilibrare la postura

Appoggi i piedi sul tappetino per un movimento contrario e metta le mani sul pavimento dietro di lei. Poi muova di nuovo entrambe le ginocchia alternativamente a destra e a sinistra sul tappetino.

Effetti positivi

Il bruco allunga delicatamente l'intera colonna vertebrale, a beneficio dell'intera postura.

8. il cigno (addormentato) - Rajakapotasana
Esecuzione

Per eseguire la posa del cigno, nota anche come posa del piccione, si metta in piedi in posizione quadrupede. Ora posiziona il piede destro tra le mani. Sposti il piede leggermente più a sinistra e appoggi delicatamente il ginocchio e la parte inferiore della gamba sul pavimento a destra. Ora allunghi la gamba sinistra all'indietro e la appoggi completamente sul pavimento. La parte posteriore del piede tocca il pavimento. Ora si appoggi agli avambracci, che appoggia sul tappetino davanti al ginocchio destro, e pieghi tutta la parte superiore del corpo verso il pavimento.

Per la variante del cigno addormentato, appoggi entrambe le braccia sul pavimento e porti anche la fronte sul pavimento. Se decide di fare questa variazione, torni prima agli avambracci quando rilascia l'asana, rimanga qui per qualche respiro e poi rilasci la posizione.

Equilibrare la postura

Come posizione di equilibrio, si metta in posizione quadrupede e sposti la colonna vertebrale alternativamente nella posizione della mucca e del gatto. Per la posizione della mucca, assuma una schiena leggermente incavata e sollevi lo sguardo leggermente in avanti. Apra le vertebre toraciche e il cuore. Per la posizione del gatto, faccia la nota gobba del gatto e giri la schiena il più possibile. Senta l'ombelico tirare verso l'interno e verso l'alto. Esegua questo esercizio dinamico lentamente, al suo ritmo e in modo controllato. Può anche esercitarsi in questo contro movimento prima di cambiare lato.

Effetti positivi

Questa asana allunga il flessore dell'anca, che viene trascurato da una postura prevalentemente seduta nella vita quotidiana.

9. la lumaca - l'aratro - Halasana
Esecuzione

Inizi questo esercizio sdraiato e metta un cuscino sotto i glutei. Ora sollevi le gambe verso l'alto in una posizione invertita. Inizialmente, tenga le braccia accanto al corpo con i palmi rivolti verso l'alto, poi porti le gambe sopra la parte superiore del corpo e i piedi sopra la testa. Ora porti il cuscino sotto la schiena con le mani e lo rimetta sopra. Le gambe possono essere leggermente aperte e piegate. Ora può tenere i piedi con le mani o incastrarli dietro le ginocchia. La gravità farà il resto e lei potrà abbandonarsi allo stretching.

Respiri nell'allungamento della parte bassa della schiena e rilassi le spalle. Come variante, può approfondire la posizione dell'aratro. Per farlo, porti le gambe più indietro in modo che i piedi tocchino il pavimento o un cuscino posizionato lì. Può usare le mani per sostenere la parte bassa della schiena. Abbassi le ginocchia verso le orecchie. Rimanga qui per circa tre-cinque minuti e esca dall'esercizio in modo consapevole.

Equilibrare la postura

Si sdrai sul tappetino e distenda le gambe. Allunghi entrambe le braccia all'indietro e le appoggi al pavimento. Faccia alcuni respiri profondi e senta l'esercizio del rotolo o dell'aratro.

Effetti positivi

Questa posizione allunga i muscoli delle gambe, gli organi interni vengono massaggiati dalla compressione e il flusso sanguigno verso il cuore viene stimolato. Eventuali blocchi nella colonna vertebrale vengono sciolti e l'esercizio ha un effetto armonizzante sulla ghiandola tiroidea.

10. la sella - Supta Vajrasana
Esecuzione

Inizi questo esercizio in posizione quadrupede. Ora apra le gambe leggermente più larghe della larghezza dei fianchi e si abbassi con cautela all'indietro. Questo esercizio è molto intenso per le ginocchia e le cosce. Se nota già una sensazione di trazione in questo punto, metta una coperta sul tappetino su cui è seduto. Poi porti le braccia dietro la schiena e si sostenga sul pavimento mentre si sdraia lentamente e con attenzione all'indietro. Può anche utilizzare dei cuscini o delle coperte per ridurre la distanza dal pavimento, in modo da rendere più facile sdraiarsi.

Una variante della sella è la mezza sella. Per farlo, estenda una gamba in avanti e poi si sdrai all'indietro. Dopo aver mantenuto questa posizione, cambi il lato della gamba tesa come una cosa ovvia.

Equilibrare la postura

Per l'equilibrio, si sdrai sulla schiena senza cuscini e appoggi i piedi sul pavimento. Di nuovo, muova entrambe le ginocchia in modo sincronizzato alternativamente a sinistra e a destra. Si goda il rilascio di questa intensa postura e provi lei stesso.

Effetti positivi

La sella apre la colonna vertebrale lombare e allunga i flessori dell'anca e i muscoli della coscia. Questa posizione è particolarmente indicata per le persone che stanno in piedi e camminano molto nella vita quotidiana.

11. il cervo - Jathara Parivartanasana
Esecuzione

Si sieda sul tappetino con i piedi davanti a lei. Ora abbassi entrambe le ginocchia verso destra. Posizioni la tibia destra in modo che sia parallela al bordo anteriore del tappetino. La gamba sinistra è piegata all'indietro. Ora si giri verso destra con la colonna vertebrale allungata verso l'alto. La mano sinistra tiene il ginocchio destro e la mano destra è appoggiata sul pavimento dietro la schiena. Ogni volta che inspira, diventa un po' più alto e si raddrizza ulteriormente. Ad ogni espirazione, si giri un po' più a destra. Il mento rimane al di sopra dello sterno per tutto il tempo e non è girato in avanti rispetto alla parte superiore del corpo.

Questa asana può anche essere intensificata. Per farlo, appoggi la parte superiore del corpo sul tappetino o su una coperta di lana piegata a destra. Appoggi anche la fronte sul pavimento. Può anche aumentare l'allungamento portando la gamba posteriore più indietro.

Equilibrare la postura

Consigliamo anche di alternare la rotazione delle ginocchia, cioè i tergicristalli, mentre è seduto sul tappetino e i piedi e le mani sono posizionati.

Effetti positivi

La rotazione della parte superiore del corpo favorisce la digestione e si dice che questa posizione allevi i sintomi generali della menopausa.

12. la banana - Bananasana
Esecuzione

Si sdrai sulla schiena e distenda le gambe sul tappetino. Prenda entrambe le mani dietro di lei e le distenda anch'esse. Ora cammini con tutto il corpo con le gambe chiuse vicino al bordo destro del tappetino. Ora sposti la parte superiore del corpo ed entrambe le braccia verso sinistra, in modo che il suo corpo assuma la forma di una mezza luna o di una banana sul tappetino. Afferri poi il polso destro con la mano sinistra per allungarsi ancora di più in modo controllato. Ora respiri nella parte destra del suo corpo, che sperimenterà un piacevole allungamento. Dopo circa tre-cinque minuti, cambi lato.

Equilibrare la postura

Prima di cambiare lato e dopo l'esercizio, si sdrai semplicemente sulla schiena per qualche respiro e senta la torsione e l'allungamento.

Effetti positivi

La banana, nota anche come mezza luna quando è in piedi, apre le connessioni fasciali laterali e ha un effetto estremamente calmante ed equilibrante.

13. la cruna dell'ago - Sucirandhrasana
Esecuzione

Anche questa asana inizia in posizione supina. Appoggi entrambi i piedi sul pavimento. Ora appoggi la caviglia destra sul ginocchio sinistro. Afferri quindi la coscia sinistra con entrambe le mani e la tiri delicatamente verso di sé. Il braccio destro arriva qui come attraverso la cruna di un ago, da cui il nome di questa posizione. Se ha sollevato il busto per afferrare la coscia, lo riabbassi lentamente al pavimento. Anche in questo caso, può controllare l'intensità tirando la coscia sinistra più o meno verso lo sterno. Può anche usare il braccio destro per spingere il ginocchio destro più verso l'esterno, lontano da lei. Se è molto esperto in questa posizione e vuole di più, può anche afferrare lo stinco destro invece della coscia. Rimanga in questa posizione per tre-cinque minuti e poi cambi lato.

Equilibrare la postura

Anche in questo caso, rimanga disteso sul tappetino prima di cambiare lato e dopo l'esercizio. Può anche allungare le braccia dietro la testa e fare stretching o mettere i piedi in alto per un breve momento e sollevare i fianchi per formare un ponte. Muova il suo corpo in modo intuitivo e faccia ciò che sente bene per lei.

Effetti positivi

La cruna dell'ago allunga i fianchi e i muscoli glutei.

14. il laccio della scarpa - Gomukhasana
Esecuzione

Si metta in posizione quadrupede. Da lì, metta il ginocchio destro tra le due mani sul tappetino. Ora si imbraghi la gamba sinistra sopra la gamba destra. Ora apra entrambe le gambe e appoggi i glutei sul pavimento tra le gambe inferiori. Ora pieghi tutta la parte superiore del corpo in avanti e la appoggi sulle gambe. Arrotoli la schiena e lasci la testa rilassata. Appoggi le mani sul tappetino davanti alle gambe. Come variante, può anche appoggiare le mani sulle ginocchia e appoggiare la fronte sulle mani o su un cuscino aggiuntivo o una coperta di lana. Rimanga in questa posizione per circa tre-cinque minuti, torni alla posizione di equilibrio e poi cambi lato.

Equilibrare la postura

Come semplice posizione di equilibrio per l'asana nota come faccia di mucca in altri tipi di yoga, si sdrai sulla schiena e senta l'intenso allungamento.

Effetti positivi

Questa posizione attiva i muscoli glutei laterali e rilassa la regione lombare. Stimola anche gli organi interni - cistifellea, fegato e reni.

15. la rana - Bhekasana
Esecuzione

Per eseguire questa asana, stenda una coperta di lana piegata nel senso della lunghezza sul tappetino per ammortizzare le ginocchia. Poi si metta in posizione quadrupede e faccia scivolare le ginocchia il più lontano possibile sulla coperta. Allo stesso tempo, allunghi le braccia in avanti lungo il pavimento. Inizi a tenere i piedi uniti e i glutei tra le gambe. Non appena sente l'allungamento dell'interno cosce, può allontanare ulteriormente i piedi. Ora abbassi la parte superiore del corpo un po' più in basso e si trovi nell'intensa posizione della rana.

Equilibrare la postura

La postura del bambino è il contro movimento qui. Le gambe sono chiuse qui, quindi porti le ginocchia indietro l'una verso l'altra. Sentire la posizione della rana e fare alcuni respiri profondi.

Effetti positivi

Questa asana è un'intensa apertura dell'interno delle gambe e può aiutare ad armonizzare gli stati d'animo emotivi e impulsivi. Stimola anche lo stomaco, la milza e i reni.

16. la posizione seduta sulle dita dei piedi - Vadrasana

Esecuzione

La posizione di partenza è di nuovo la posizione quadrupede. Appoggi le dita di entrambi i piedi sul pavimento e inizi lentamente a raddrizzare la parte superiore del corpo per sedersi con i glutei accuratamente sui talloni. Questo allungamento non abituale delle dita dei piedi può essere molto intenso. Si spinga fino a dove riesce a resistere per qualche minuto.

Equilibrare la postura

Sollevi i glutei e gradualmente riporti le punte dei piedi in modo che il dorso dei piedi sia piatto sul tappetino. Ora si rimetta lentamente a sedere sui talloni. Non è una bella sensazione? Ripercorra l'asana che ha appena eseguito per alcuni respiri.

Effetti positivi

Nei piedi convergono diverse fasce, che vengono stimolate da questa posizione. Anche i piedi e le dita vengono allentati e, secondo i seguaci del Tao Yoga, "una persona con le dita aperte ha anche una mente aperta".

17 Libellula - Upavishta Konasana
Esecuzione

Questa postura inizia in posizione seduta. Metta di nuovo una coperta piegata sotto i glutei, in modo da potersi sedere più dritto. Poi metta le gambe a cavalcioni il più possibile e pieghi la parte superiore del corpo in avanti. Se l'allungamento non è sufficiente per lei, provi prima a posizionare gli avambracci paralleli alla fronte e poi eventualmente anche la fronte sul pavimento.

Come variante, può anche esercitarsi con la libellula sul muro. Per farlo, deve avere una superficie della parete non troppo fredda e abbastanza ampia da poter allungare le gambe. Posizioni il tappetino da yoga in senso longitudinale contro la parete ad angolo retto. Ciò significa che il lato corto del tappetino yoga è contro la parete. Ora si sieda lateralmente contro la parete e si sdrai sulla schiena. Poi porti le gambe contro la parete e sposti i glutei fino in fondo contro la parete. Tenga i piedi chiusi e allinei nuovamente il corpo in linea retta. Appoggi le braccia comodamente sul pavimento o sul basso ventre.

Espirando, lasci semplicemente scivolare le gambe lungo la parete, distese. Lo faccia lentamente e con attenzione. Ora si rilassi nella posizione in cui può rimanere più a lungo e respiri profondamente in questo esercizio di apertura delle anche. Rimanga qui per un totale di tre-cinque minuti e noti che il suo straddle diventa sempre più profondo da solo nel tempo. Ricarichi le batterie con questo esercizio e si prenda il tempo necessario per rilasciare la posizione.

Equilibrare la postura

Segua questo meraviglioso esercizio nella semplice posizione supina per alcuni respiri. Dopo la libellula sulla parete, può anche mettere i piedi in alto e lasciare che le ginocchia affondino alternativamente a destra e a sinistra. Questa piccola mobilizzazione delle articolazioni dell'anca deve essere eseguita con delicatezza, poiché lo straddle è un allungamento intenso.

Effetti positivi

La libellula apre i fianchi e l'inguine e allunga l'interno delle cosce. Stimola il fegato, i reni e la vescica e libera molta energia.

18. l'apertura del cuore - Anahatasana
Esecuzione

Inizi in posizione quadrupede. Allunghi le braccia in avanti e appoggi entrambi i palmi sul pavimento. Poi abbassi la parte superiore del corpo e appoggi la fronte sul tappetino. Mantenga i fianchi al di sopra delle ginocchia. Se non riesce a raggiungere il pavimento con la fronte, può appoggiarla sui palmi delle mani o sui pugni impilati. In questo modo ridurrà nuovamente la distanza dal pavimento. Si metta in una posizione comoda e fattibile per lei e vi rimanga per tre-cinque minuti. Faccia dei respiri profondi e abbassi la parte superiore del corpo un po' di più ad ogni espirazione. Per una versione contorta dell'apertura del cuore, allunghi il braccio destro in avanti e infili il braccio sinistro sotto l'ascella destra. Poi appoggi il braccio sinistro sul pavimento, con il palmo rivolto verso l'alto, e la testa sulla tempia sinistra del tappetino.

Equilibrare la postura

Prima di cambiare lato e dopo l'esercizio, è meglio adottare la postura del bambino per compensare. Per farlo, appoggi le braccia all'indietro accanto al corpo con i palmi rivolti verso l'alto. La schiena può arrotondarsi qui e fare un movimento contrario all'esercizio appena eseguito.

Effetti positivi

L'apertura del cuore allunga le spalle e ha un effetto equilibrante sulla zona del cuore. È un leggero backbend per la parte centrale e inferiore della schiena e riscalda delicatamente.

19. il ponte sulle spalle (sostenuto) - Setu Bandha Sarvangasana

Esecuzione

Inizi questa asana sdraiato sulla schiena. Posizioni i piedi alla larghezza delle anche sul tappetino. Avvicini i talloni ai glutei il più possibile. Le braccia sono ai lati del corpo. Prema i piedi con forza sul pavimento e sollevi lentamente il bacino. Rotoli verso l'alto vertebra per vertebra. Può rimanere qui e mantenere il bacino il più alto possibile. Allo stesso tempo, prema le braccia sul pavimento. Tuttavia, le ginocchia non devono essere tenute separate, ma piuttosto tenute energicamente unite.

Come variante, stringa le mani sotto i glutei e allunghi le braccia in avanti. Unisca le scapole e avvicini le braccia, in modo da appoggiare le spalle anziché l'intera schiena. Mantenga sempre il bacino nella posizione più alta. I glutei rimangono rilassati e il collo lungo. Rimanga qui per tre o cinque minuti, poi sollevi i talloni dal pavimento e rotoli di nuovo sul tappetino, vertebra per vertebra.

Equilibrare la postura

Per bilanciare, si sdrai sulla schiena e senta l'allungamento precedente per qualche respiro.

Effetti positivi

L'intera parte anteriore del corpo viene allungata e la colonna vertebrale diventa più flessibile. Questo meraviglioso backbend apre il cuore e agisce come un efficace miglioramento dell'umore, allungando la colonna vertebrale toracica e la cassa toracica.

20 Il Cammello - Ustrasana
Esecuzione

Si inginocchi sul suo tappetino per la posizione del cammello. Le gambe superiori e inferiori sono chiuse e i piedi si toccano. Il dorso dei piedi è piatto sul tappetino. Ora appoggi i palmi delle mani sull'osso sacro e spinga i fianchi in avanti. Protegga la parte bassa della schiena tendendo i muscoli addominali. Ad ogni inspirazione, allunghi la lunghezza della colonna vertebrale e ad ogni espirazione inclini delicatamente la parte superiore del corpo all'indietro per aprire le vertebre toraciche. Non appena è in grado di eseguire questo allungamento, appoggi le mani sui talloni, una dopo l'altra. Per facilitare e abbreviare l'allungamento, può alzare le dita dei piedi in modo che siano più facili da raggiungere con le mani. La testa rimane in linea con la colonna vertebrale e non viene tesa eccessivamente all'indietro.

Equilibrare la postura

Si sdrai sulla schiena come contromovimento e pieghi entrambe le gambe. Afferri le ginocchia con entrambe le mani e dondoli delicatamente sulla parte bassa della schiena da un lato all'altro o faccia dei piccoli movimenti circolari, poi cambi la direzione di rotazione.

Effetti positivi

Come versione del backbend, il cammello allunga e rafforza la colonna vertebrale e i muscoli della schiena, il che può alleviare e prevenire il mal di schiena. Questa posizione di grande apertura scioglie anche la tensione, stimola gli organi addominali e riduce lo stress.

21 Coda di gatto - Marjarasana
Esecuzione

Cominci da qui, sdraiandosi sul fianco destro. Può appoggiare la testa sulla mano del braccio destro sostenuto o sulla parte superiore del braccio. Quello che è più comodo per lei. Porti la gamba sinistra in avanti e la appoggi sul tappetino con un angolo. Pieghi la gamba destra all'indietro e afferri il piede destro con la mano sinistra. Poi spinga la spalla sinistra un po' più indietro, in modo da ottenere una comoda torsione. Ora rimanga nella dolce torsione della coda di gatto per tre-cinque minuti.

Equilibrare la postura

Prima di cambiare lato e dopo l'esercizio, distenda a lungo le braccia e le gambe per riportare la colonna vertebrale in allineamento. Si senta a proprio agio e faccia alcuni respiri profondi.

Effetti positivi

Questa asana allunga i muscoli anteriori della coscia e i flessori dell'anca ed è quindi un buon contromovimento per i piegamenti in avanti o per una postura prevalentemente seduta nella vita quotidiana.

22. il quadrato - Samachaturasana
Esecuzione

Per la posizione quadrata, si sieda in una posizione a gambe incrociate che sia comoda per lei. I piedi possono essere appoggiati l'uno sull'altro o dietro l'altro sul tappetino. Ora si distenda verso l'alto e allunghi la colonna vertebrale. Ora cammini in avanti sul tappetino con entrambe le mani e metta gli avambracci paralleli tra loro. Se possibile, appoggi la fronte sul tappetino o su un cuscino. Mantenga la schiena dritta durante l'esercizio.

Equilibrare la postura

Come contromovimento, si sdrai sulla schiena e appoggi i piedi sul pavimento. Ora abbassi entrambe le ginocchia alternativamente verso il lato destro e sinistro. Questo mobilita l'articolazione dell'anca e la riporta in equilibrio.

Effetti positivi

Il quadrato allunga tutta la schiena e la zona delle spalle. Apre i fianchi e l'inguine e le dà nuova energia.

23 Squat - Malasana
Esecuzione

Questa asana inizia eccezionalmente in posizione eretta. Apra i piedi alla larghezza dei fianchi, con le dita dei piedi leggermente rivolte verso l'esterno e i talloni più rivolti verso l'interno. Ora pieghi le ginocchia per assumere una posizione accovacciata. Se solleva i talloni dal pavimento, può mettere una coperta sotto di essi come sostegno. Ora metta entrambe le mani in posizione di preghiera davanti al cuore, cioè con i palmi rivolti l'uno verso l'altro e le punte delle dita rivolte verso l'alto, e prema delicatamente i gomiti contro l'interno delle cosce. In questo modo può determinare lei stesso l'intensità e adattarla alle sue esigenze durante l'esercizio. Ora sollevi il petto e tiri indietro le spalle in modo che la schiena sia dritta. Questo le permette di assaporare l'ampiezza della parte anteriore del suo corpo e di rimanere nella posizione di squat per tre-cinque minuti.

Equilibrare la postura

Per compensare questa apertura dell'anca, si sdrai sulla schiena e metta i piedi alla larghezza del materassino. Ora lasci cadere entrambe le ginocchia l'una verso l'altra a forma di X e faccia alcuni respiri profondi.

Effetti positivi

Questa posizione rafforza i muscoli anteriori dello stinco e apre l'area dell'anca e dell'inguine. Questo migliora l'equilibrio e Malasana ha anche un effetto stabilizzante e calmante sulla mente.

24 Il coccodrillo - Makarasana
Esecuzione

Inizi questa posizione sdraiato sulla schiena. Posizioni le braccia piatte e distese sul pavimento ad angolo retto rispetto al corpo, all'altezza delle spalle. I palmi delle mani toccano il pavimento. Ora appoggi entrambi i piedi sul tappetino e abbassi entrambe le gambe verso destra. Le gambe rimangono chiuse. Cerchi di mantenere la spalla sinistra e il ginocchio destro sul pavimento. Per intensificare la torsione, guardi a sinistra verso la mano sinistra. In questa posizione, presti attenzione alla parte bassa della schiena, che qui riceve un'attenzione particolare. Rimanga in questa asana per tre o cinque minuti e faccia alcuni respiri profondi.

Come variante, ora può anche allungare la gamba in alto per aumentare l'allungamento. L'esercizio può essere adattato anche appoggiando la mano opposta sulla gamba o sul ginocchio e lasciando che la sola forza di gravità la aiuti o spingendola delicatamente verso il pavimento.

Equilibrare la postura

Allunghi entrambe le gambe e metta le braccia vicino al corpo. Provi la torsione nella semplice posizione supina e poi cambi lato. Questo esercizio è spesso seguito dalla posizione di riposo finale, Shavasana, per concludere la pratica yoga.

Effetti positivi

Questo esercizio, che è un esercizio di torsione intensivo, stimola la disintossicazione del corpo. Inoltre, scioglie la tensione e mantiene flessibile la colonna vertebrale. Questa asana calma il sistema nervoso e viene spesso eseguita verso la fine di una sessione di yin yoga per concluderla dolcemente. Lo stress si riduce e la pace e la forza possono entrare nella mente.

25 La posizione di rilassamento della schiena - Shavasana

Gli yogi e le yogini terminano ogni sessione di yoga con questa asana, che letteralmente si traduce dal sanscrito come posa della morte. Non si tratta quindi di una posa di yin yoga pura, ma piuttosto di una posa finale comune in tutti i tipi di yoga per concludere la pratica yoga. In questo rilassamento finale, l'energia che è stata attivata dagli esercizi precedenti viene distribuita in tutto il corpo, che giunge a un riposo finale e a uno stato di rilassamento assoluto.

Esecuzione

Si sdrai sulla schiena in Shavasana. Per allungare la parte bassa della schiena, per prima cosa appoggi entrambi i piedi sul tappetino. Ora sollevi brevemente i glutei e li sposti il più possibile verso i piedi per poi riabbassarli.

La colonna vertebrale lombare ha ora raggiunto la sua massima lunghezza. Poi appoggi di nuovo entrambe le gambe sul pavimento, alla larghezza di un tappetino. Sollevi le gambe una dopo l'altra per un momento e le distenda lontano da lei, prima i talloni, poi le riabbassi. Lasci che i piedi cadano liberamente verso l'esterno. Per aprire il petto, tiri una volta le scapole l'una verso l'altra e poi rilassi l'intera area delle spalle.

Inoltre, allunghi le braccia una dopo l'altra verso i piedi e le posizioni non troppo vicine, ma accanto al corpo. I palmi delle mani devono essere rivolti verso l'alto. Ora giri la testa lentamente e con attenzione da sinistra a destra e da destra a sinistra per alcune volte. Quando l'avrà centrata di nuovo e avrà portato il mento leggermente verso il petto per allungare il collo, l'intera colonna vertebrale sarà in linea con il pavimento. Se ha problemi con la parte bassa della schiena, può posizionare i piedi larghi come un tappetino e lasciare che le ginocchia cadano l'una verso l'altra in una forma a X.

Questa descrizione è piuttosto lunga per il fatto che si finisce semplicemente per "sdraiarsi sulla schiena", ma il posizionamento consapevole e corretto delle singole parti del corpo è rilevante e sostiene questa postura, attraverso la quale si raggiunge il puro relax.

Ora lasci andare tutto. Chiuda gli occhi. Con ogni respiro, rilasci più peso sul pavimento e si senta sempre più pesante. Senta il suo corpo toccare il pavimento con la massima superficie possibile e radicarsi sul tappetino. Poi lasci che il respiro fluisca e vada e venga in modo naturale, senza pensarci. Allo stesso modo, i pensieri passano semplicemente e tutte le pressioni e le tensioni si allontanano da lei. Può rimanere in questa meravigliosa posizione per un massimo di dieci minuti. Se sente di voler uscire da Shavasana, lo faccia delicatamente. Inizi a inspirare ed espirare di nuovo profondamente. Inizi a muovere le dita delle mani e delle mani, le dita dei piedi e i piedi.

Faccia dei movimenti circolari e infine allunghi le braccia e le gambe e si distenda. Qui tutto è permesso e lei compie i movimenti che intuitivamente le fanno bene. Poi si metta in posizione seduta - preferibilmente con gli occhi chiusi - preferibilmente seduto a gambe incrociate.

Ancora una volta, sollevi con forza entrambe le braccia sopra i fianchi. Unisca i palmi delle mani sopra la testa e assuma questa posizione di preghiera in avanti davanti al cuore. Ringrazi se stesso e il suo corpo per questa meravigliosa pratica yoga che ha appena completato e senta l'energia nel suo corpo, nella sua mente e nella sua anima.

FLUSSO DI YOGA YIN

Una sequenza di yoga è solitamente suddivisa in tre fasi. Inizia con un breve arrivo sul tappetino. Ciò significa che deve disporre il suo tappetino da yoga e tutti gli strumenti necessari a portata di mano e spegnere tutte le distrazioni esterne. Quindi si sieda a gambe incrociate e porti con forza entrambe le mani sui fianchi.

Inspiri profondamente e porti le mani davanti al cuore in una posizione di preghiera mentre espira. Questo potrebbe essere un ottimo modo per iniziare una sessione di yoga e le permette di concentrarsi su se stesso e sul suo corpo. In alternativa, può iniziare bloccando lo stress della vita quotidiana, sdraiandosi sulla schiena per alcuni minuti e chiudendo gli occhi.

Segue la parte principale, in cui si praticano alcune asana. La sequenza dipende da lei o può essere presa da un piano prestabilito. Questa parte occupa la maggior parte del tempo, ma non sempre deve durare fino a un'ora per avere successo. Anche pochi esercizi e un tempo di pratica più breve hanno un effetto, soprattutto sull'equilibrio, perché ha dedicato attivamente del tempo a se stesso. Le sessioni di Yin Yoga possono anche durare fino a due ore, perché, come ha imparato, le singole asana vengono tenute per alcuni minuti e anche una posizione di equilibrio tra una e l'altra richiede tempo. Pertanto, è libero di organizzare il suo tempo come desidera e può svolgere la sua pratica yoga in modo flessibile ogni giorno. Al termine, il rilassamento finale, Shavasana, la porta a un rilassamento completo e distribuisce l'energia spirituale e fisica acquisita con le asana in tutto il corpo. Verrà riaccompagnato alla vita di tutti i giorni e terminerà la sua pratica yoga per oggi. Ci auguriamo di riabbracciare presto il suo tappetino!

ESEMPIO DI SEQUENZA E ABITUDINE DI YIN YOGA

Quello che segue è un esempio di una sequenza di yoga completa.

Ora che ha familiarizzato con le varie asana dello yin yoga, ecco un possibile flusso di yin yoga, cioè una sequenza di asana che possono essere praticate una dopo l'altra. Fondamentalmente, le singole asana sono blocchi di costruzione che possono formare un'unità di yoga in qualsiasi ordine. Poiché si rivolgono e stimolano diverse regioni del corpo e hanno anche effetti diversi sulla mente, può sceglierle a seconda della situazione e del suo stato d'animo attuale o di quale area del suo corpo ha bisogno di maggiore attenzione al momento. Può scoprirlo anche praticando la consapevolezza in generale e ascoltando il suo corpo. È meglio leggere la sequenza di asana e poi ripassare come eseguirle correttamente, per ottenere i migliori risultati possibili e il rilassamento più profondo da questa sequenza di yin yoga. Poi si prenda il suo tempo e porti gli strumenti necessari a portata di mano e arrivi sul tappetino. Poi inizi a praticare le asana in sequenza.

Sequenza di Yin yoga:

1. L'apertura del cuore

2. Il cervo (destra e sinistra)

3. La libellula

4. Il drago (destra e sinistra)

5. La banana (destra e sinistra)

6. La Sfinge

7. La postura del bambino

8. Shavasana

Dopo, si ringrazi per aver trovato il tempo di fare qualcosa di buono per il suo corpo e la sua mente. Com'è stata la sua prima pratica di yin yoga? Non è meravigliosamente radicante ed energizzante allo stesso tempo prestare tanta attenzione al suo corpo e allungare e sentire aree che spesso vengono trascurate nella vita quotidiana? Che ne dice di un'abitudine quotidiana? A seconda della sua routine quotidiana, può iniziare una pratica regolare di yin yoga al mattino dopo essersi alzato, oppure alla sera prima di andare a letto, o anche come pausa pranzo nel suo ufficio, che - secondo studi scientifici - diventerà un'abitudine al più tardi dopo 66 giorni. Probabilmente, se non ha tempo o non ha voglia di muoversi sul tappetino da yoga, si perderà anche qualcosa.

Tutto è uno - e l'uno è eterno

Lo yoga come immersione spirituale nel sé. Arrivare completamente con se stessi. Essere nel momento. Bloccare tutto ciò che la circonda e concentrarsi sul proprio corpo, sulla propria mente e sulla propria anima. Sembra troppo bello per essere vero o per diventare vero? Tuttavia, questo stato può essere appreso. Praticando regolarmente lo yin yoga, può avvicinarsi molto a questo stato e, se si impegna, può anche raggiungerlo. Tutto è uno - e l'uno è eterno. Queste parole hanno lo scopo di motivarla a praticare diverse asana e quindi a creare la sua personale sessione di Yin

Yoga. All'inizio della sua pratica di yoga, può naturalmente accadere che le asana descritte sopra non pos-
sano essere eseguite tutte perfettamente da subito o
che il desiderio di fare attività fisica scompaia rapidamente. Ma ricordi: nessun maestro è ancora caduto dal
cielo.

Questo richiede pazienza e compostezza, oltre alla
volontà di fare qualcosa di buono per se stessi. Si
prenda del tempo per sé e per il suo corpo e scoprirà
rapidamente l'effetto positivo che la pratica dello yoga
ha sulla sua vita quotidiana.

Lasci semplicemente andare il mondo esterno per
il tempo necessario e si concentri su se stesso e su se
stesso. Questo la aiuterà a rilassarsi e a ridurre lo stress
e le preoccupazioni che la circondano.

Può continuare ad accettare e praticare gli aiuti
elencati all'inizio, come i bagni rilassanti, la lettura di
libri, le tisane calmanti, la lavanda, le passeggiate e la
respirazione profonda. La respirazione profonda, in
particolare, è molto simile alla pratica dello Yin Yoga.
Tuttavia, non ne avrà più bisogno completamente per
calmare e radicare la sua mente, poiché questo avverrà
automaticamente come effetto collaterale positivo una
volta che avrà stabilito una pratica yoga regolare.

La forza sta nella tranquillità. Si conceda del tempo per immergersi in questo nuovo mondo e percepisca il successo nel suo corpo e nella sua mente.

Tenendo presente questo: rimanga sempre rilassato.

© Mira Steen 2022

1ª edizione

Contatto: Psiana eCom UG/ Berumer Str. 44/ 26844 Jemgum

Disegno di copertina: Fenna Larsson

Foto di copertina: depositphotos.com

www.ingramcontent.com/pod-product-compliance
Lightning Source LLC
Chambersburg PA
CBHW051315160726
47994CB00003B/1473